TEACH YOURSELF SOMALI

YOUR PASSPORT TO MASTERING SOMALI!

D1666585

Translated by

Dr. Qasim Farah

Global Publishers Canada Inc.

Table of Contents

★ ★ ³ ☆

This book is intended for use as a tool for beginners learning Somali language. This book will enable the learner to easily master the basic conversations, words and sentence structures.

The book is divided into categories covering most of the basic vocabulary we use in our daily activities. This facilitates understanding and makes it easy for the learner to find specific words and related expressions. It simplifies the use for most of the words and expressions in each category in the form of dialogues or sentences at the beginning of each chapter.

To enhance the primary focus in developing the learners' abilities in speaking and listening skills, this e-book could also be used hand in hand with its complete audio version recorded by native speakers.

4

With the audio, the learner will be able to read, listen, repeat, practice and speak in Somali.

The audio downloadable on itunes.com, amazon.com and cdbaby.com

Learning of a new language has never been made this easy!

1. Introducing Oneself in Somali

Dialogue (Wada hadal)

Ahmed: How are you? – **See tahay?**

Fatma: I'm fine, thank you and you? – **Waan fiicanahay, adiguna?**

Ahmed: I am fine. – **Waan fiicanahay.**

Ahmed: My name is Ahmed, what's your name?
            – **Magaceygu waa Axmed, adiguna magacaa?**

Fatma: My name is Fatma. – **Magaceygu waa Faaduma.**

Ahmed: Where are you from Fatma? – **Xaggee baad ka timid Faaduma?**

Fatma: I'm from Takaba in Mandera, what about you? – **Waxaan ka imid Taabaka oo ku taalla Mandera, adiguna?**

Ahmed: I'm from Mogadishu. – **Waxaan ka imid Muqdisho.**

Ahmed: What do you do? – **Maxaad samaysaa?**

Fatma: I'm a teacher, what about you? – **Waxaan ahay mucallim, adiguna?**

  6

Ahmed: I am a police officer. – **Waxaan ahay sargaal askari ah.**

Ahmed: Where do you live? – **Halkee baad ku nooshahay?**

Fatma: I live in Hargeisa how about you? – **Waxaan ku noolahay Hargaysa, adiguna?**

Ahmed: I live in Nairobi. – **Waxaan ku noolahay Nairobi.**

Fatma: I am pleased to know you. – **Waan ku faraxsanahay in aan ku barto.**

Ahmed: Thank you, good to know you too. Good bye. – **Waad mahadsan tahay, sidoo kale barasho wanaagsan. Nabad gelyo.**

Other greetings / salutations and responses (Salaamo kale / salaamo iyo jawaabo)

Dalma: How have you been? – **Sidee ahayd?**

Amina: I have been doing well. – **Waan iska wanaagsanaa.**

Aasha: How is your family? – **Reerkaagii ka waran?**

Khalid: My family is doing well. – **Aad buu reerkaygu u wanaagsan yahay.**

Bashir: Good morning. – **Subax wanaagsan.**
Ayan: Good morning. – **Subax wanaagsan.**

Omar: How was your day? – **Maalintaada ka waran?**
Fathia: It was fine. – **Way wanaagsan tahay.**

Awa: Goodbye. – **Nabad gelyo.**
Hussein: Thank you, see you next time! – **Mahadsanid, is aragti dambe!**

Question: How are you? – **See tahay?**

Possible answers **(Jawaabo macquul ah)**

I am fine. – **Waan fiicanahay.**
I am not fine. – **Ma fiicni.**
I am unwell. – **Waan yara caajisanahay.**

Others (Kuwo kale)

Good day. – **Maalin wanaagsan.**

 8

Good night. – **Habeen wanaagsan.**

Do you speak Somali? – **Ma ku hadashaa af Soomaali?**

Yes, I speak Somali. – **Haa, waan ku hadlaa af Soomaali.**

Yes I speak a little. – **Haa xoogaa baan ku hadlaa.**

Do you speak Kiswahili? – **Ma ku hadashaa af Sawaaxili?**

Yes I speak a little. – **Haa xoogaa baan ku hadlaa.**

No, I don't speak Kiswahili. – **Maya, kuma hadlo af Sawaaxili.**

Thank you. – **Mahadsanid.**

Thanks a lot. – **Aad ayaad u mahadsan tahay.**

You're welcome. – **Soo dhawow.**

I understand. – **Waan fahmaa.**

I don't understand. – **Ma fahmo.**

I need help. – **Caawin baan u baahanahay.**

I don't know. – **Ma garanayo.**

Could you repeat please? – **Fadlan ma iigu soo celin kartaa?**

2. Asking, giving Locations, Positions and Directions (Weydiin, siin Meelo, Goobo iyo Jihooyin)

Sample dialogues (Tusaale wada hadal)

Farah: Excuse me, where is the cup? – **Iga raalli noqo, aaway koobkii?**

Halima: It is on the table. – **Miiska ayuu saaran yahay.**

Farah: Excuse me, where is the teacher? – **Iga raalo noqo aaway macallinkii?**

Halima: He is in front of the class. – **Fasalka hortiisa ayuu joogaa.**

Farah: Excuse me, where is Omar's house? – **Iga raali noqo, waa halkee gurigii Cumar?**

Amina: It is near the bank. – **Bangiga ayuu u hdaw yahay.**

Deka: How do I get to your place? – **Sidee baan meeshaada ku imaadaa?**

 10

Amina Go up to the market, take the second right path and our house is the third one. **– Suuqa toos ugu soco, raac luuqa labaad ee midigta, gurigeenuna waa kan saddexaad.**

- on – **kor**

  The cat is on the table. – **Bisaddu miiskay kor saran tahay.**
- under – **hoos**

  The dog is under the table. – **Bisaddu miiskay ku hoos jirtaa**
- in front of – **hortiisa**

  The lady is in front of the house. – **Islaantu waxay joogtaa guriga hortiisa.**
- behind – **gadaal**

  The man is behind the house. – **Ninku guriga gadaashiis ayuu joogaa.**
- on the left of – **bidixdiisa**

  The car is on the left side of the house. – **Baabuurku wuxuu yaallaa dhanka bidixeed ee guriga.**
- on the right of – **midigtiisa**

The lorry is on the right side of the house. – **Gaarigu wuxuu yaallaa dhanka midigeed ee guriga.**

• beside – **dhinaca**

The son is beside his father. – **Wiilku waxa uu dhinac joogaa aabbihiis.**

• in – **gudaha**

The candy is in the box. – **Nac nacu sanduuquu ku jiraa.**

• opposite – **ka soo hor jeedka**

The post office is opposite the bank. – **Boostadu banagigay ka soo hor jeeddaa.**

• over / above – **dushiisa / oogadiisa**

The helicopter is flying over the house. – **Diyarada wahey bubeysaa guriga korkiisa.**

• beneath / below – **hoostiisa / ka hoose**

The helicopter is flying below the clouds. – **Diyaaraddani waxay duulaysaa daruuraha hoostooda.**

Other useful vocabulary (Erayo kale oo waxtar ah)

• up – **kor**
• down – **hoos**
• inside – **dhexda**

- outside – **bannaanka**
- near to – **u dhaw**
- far from – **ka fog**
- north – **waqooyi**
- south – **koonfur**
- east – **bari**
- west – **galbeed**
- straight ahead – **toos hore**
- turn right – **midig u jeeso**
- turn left – **bidix u jeeso**

3. Talking about People and Things (Adjectives) (Ka hadlid Dadka iyo Waxyaalaha (Sifooyin)

Sample dialogues (Tusaale wada hadal)

Amina: How are you? – **See tahay?**

Hassan: Fine thank you. – **Fiican, mahadsanid.**

Amina: Have you seen my son? – **Wiilkeygii ma aragtay?**

Hassan: How does he look like? – **Sidee buu u eg yahay?**

Amina:	He is dark, tall and strong. He is dressed in a red shirt. – **Wuu madow yahay, dheer yahay xoogan yahayna. Wuxuu ku labbisan yahay shaar guduudan.**
Hassan:	Yes, I have just seen him wandering in the market place. – **Haa, haddaan arkay isaga oo meesha suuqa iska dhex wareegahaya.**
Amina:	Thank you very much. – **Aad ayaad umahadsantahay.**
Amina:	Go well and God bless you. – **Hortaada kahyr Allahana ku barakeeyo.**

An example of a description using descriptive adjectives (Tusaalayn qeexitaan oo loo isticmaalayo qeexitaano sifooyin ah)

<u>John:</u>

John is tall. – **John waa dheer yahay.**

He is happy. – **Wuu faraxsan yahay.**

He is strong. – **Wuu xooggan yahay.**

 14

Ann:

Ann is tall. – **Ann way dheertahay.**

She is beautiful. – **Way quraxsan tahay.**

She is happy. – **Aad bay u faraxsan tahay.**

She is strong. – **Way xooggan tahay.**

- small – **yar**
- short – **gaaban**
- hot – **kulayl**
- cold – **qabow**
- dirty – **wasaq**
- clean – **nadiif**
- light – **nal**
- heavy – **culays**
- full – **buuh**
- empty – **maran**
- afraid – **cabsi**
- angry – **xanaaq**
- shy – **xishood**
- confused – **wareer**
- bored – **caajis**
- scared – **baqdin**
- worried – **wel wel**
- embarrassed – **ceeboobay**
- shocked – **naxay**

- strong – **xoog**
- slow – **tartiib**
- fast – **deg deg**
- cute – **jinniyo soo jiidasho leh**
- happy – **farax**
- bad – **xumaan**
- excellent – **ugu wanaagsan**
- pretty – **qurux**
- new – **cusayb**
- good – **fiicnaan**
- young – **yar**
- handsome / beautiful – **quruxlow**

4. Asking and Telling Time (Weydiin iyo Sheegid Waqti)

Sample dialogues (Tusaale wada hadal)

Shamsa: What time is it? – **Waa imisa Saac?**
Ali: It's ten o'clock. – **Waa toban saac.**

Shamsa: What time is it? – **Waa imisa Saac?**
Ali: It's half past three. – **Waa saddex saac iyo bar**

Shamsa: How long will it last? – **Ilaa imisay ku dhamaanaysaa?**

Ali: About half an hour. – **Qiyaastii nus saac.**

Shamsa: What time does it start? – **Goormey bilaabataa?**

Ali: It starts at 10 o'clock. – **Waxay bilaabataa tooban saac.**

Shamsa: What time does it end? – **Goormey dhamaataa?**

Ali: It ends at 2 o'clock. – **Waxay dhamataa laba saac galabnimo.**

Shamsa: What time do you arrive there? – **Goormaad gaadhaa halkaas?**

Ali: I will arrive at 3 O'clock. – **Waxaan imaan doonaa saddex saac galabnimo.**

Others (Kuwo kale)

- 3:05 – It's five after three. – **Waa saddexdii iyi shan daqiiqo.**
- 2:10 – It's ten after two. – **Waa labadii iyo toban.**
- 6:15 – It's quarter after six. – **Waa lixdii iyo rubuc.**
- 6:30 – It's six thirty. – **Waa lixdii iyo soddon daqiiqo.**
- 4:30 – It's four thirty. – **Waa afartii iyo soddoon daqiiqo.**
- 5:45 – It's quarter to six. – **Waa lixdii oo rubuc dhiman.**
- 3:50 – It's ten to four. – **Waa afartii oo toban dhiman.**
- 4:58 – It's two to five. – **Waa labadii oo shan dhiman.**
- 1:00 – It's one o'clock. – **Waa hal saac.**
- 3:15 – It's quarter past three. – **Waa saddexdii iyo rubuc.**
- 12:00 – It's noon. – **Waa duhurkii.**
- 00:00 / 24:00 – It's midnight. – **Waa habeen barkii.**

Extra vocabulary and expressions (Erayo dheeri ah iyo bayaanin)

- now – **hadda**
- 15 minutes – **shan iyo toban daqiiqo**

 18

- half an hour – **nusa saac**
- hour – **saac**
- today – **maanta**
- yesterday – **shalay**
- tomorrow – **berrito**
- week – **asbuuc**
- next week – **asbuuca dambe**
- morning – **subax**
- afternoon – **galab**
- evening – **maqrib**
- early – **aroor**
- soon – **goor dhaw**
- on time – **waqti go'an**
- late – **xilli dambe**
- never – **marnaba**
- later – **mar dambe**
- often – **badanaaaba**
- always – **mar kasta**
- You're late. – **Waad daahday.**
- You're early. – **Wad soo daqsatay.**
- What time does it start? – **Imisaday bilaabataa?**
- How long will it last? – **Imisay qaadanaysaa in ay ku dhamaato?**
- What time does it end? – **Goormay dhammaataa?**

 19

• What time did you arrive there? – **Goormaad halkaa gaartay?**

5. The Weather (Hawada)

Examples of dialogues (Tusaalayn wada hadal)

Fatuma: How is the weather? – **Hawadu waa sidee?**
Mohamed: It is a nice day. – **Waa maalin fiican maanta.**

Fatuma: How is the weather? – **Hawadu sidee tahay?**
Mohamed: It is cold. – **Waa qabow.**

• It is sunny. – **Waa qorrax.**
• It is snowing. – **Waa baraf.**
• It is cloudy. – **Waa daruur.**
• It is foggy. – **Waa ceeryaamo.**
• It is bad weather. – **Waa hawo xun.**
• It is raining. –**Roob baa da'aya.**
• It is windy. – **Dabayl baa dhacaysa.**
• It is stormy. – **Duufaan baa dhacaysa.**
• It is hot. – **Waa kulayl.**

Useful vocabulary and expressions (Erayo isticmaal badan iyo bayaanino)

- wet – **qoyaan**
- storm – **onkod**
- dry – **qalayl**
- showers – **qubaysyo**
- thunder – **hillaac**
- sunny – **cad ceed**
- windy – **dabayl**

6. Health (Caafimaad)

Sample conversations (Tusaalayn sheekaysi)

Conversation A:

Abdi: How are you feeling? – **Sideed dareemaysaa?**

Halima: I am sick. – **Waan jiranahay.**

Abdi: What is the problem? – **Maxaa kugu dhacay?**

Halima: I have a headache. – **Madax xanuun baa I haya.**

 21

Abdi: Here is some medicine for you. You will recover soon. – **Waatanaa daawadaadii. Dhawaan baad ka bogsanaysaa.**

Halima: Thank you. – **Mahadsanid.**

Conversation B:

Abdi: How are you feeling? – **Sidee baad daraameysaa?**

Halima: I don't feel well. – **Ma fiicni.**

Abdi: What is the problem? – **Waa maxay mushkiladdu?**

Halima: I have a stomachache. – **Calooshaa I xanuunaysa.**

Abdi: Here is some medicine for you. You will recover soon. – **Waatanaa daawadaadii. Dhawaan baad ka bogsanaysaa.**

Halima: Thank you. – **Mahadsanid.**

Extra vocabulary and expressions (Erayo dheeri ah iyo ficillo bayaanino)

• Please call an ambulance. – **Fadlan u yeer gaariga caafimaadka ee degd degga ah.**

 22

- Can you give first aid? – **Ma siin kartaa gagaar dag dag ah?**
- Where does it hurt? – **Xagee ku danqanaysa?**
- He needs first aid. – **Wuxuu ubaahanyahay gargaar dagdag ah.**
- I am sick. – **Waan xanuunsanahay.**
- I don't feel well. – **Ma dareemayo fiicnaan.**
- to have a headache. – **madax xanuun**

  I have a headache. – **Madaxa ayaa I xanuunaya.**
- to have stomach ache – **calool xanuun**

  I have a stomach ache. – **Caloosha ayaa I xanuuneeysa.**
- to have a sore throat – **dhuun cuncun**

  I have a sore throat. – **Dhuunta ayaa I cuncunasa.**
- to have a toothache – **ilig xanuun**

  My teeth hurt. – **Iliga ayaa I xanuunaya.**
- sick – **xanuun**

  Patrick is sick. – **Patrick waa xanuunsanyahay.**
- hospital – **isbitaal**
- first aid box – **sanduuqa gargaarka deg degga ah**
- medicine – **daawo**
- doctor – **dhaqtar**
- dentist – **taqtarka ilkaha**
- patient – **bukaan**
- injury – **dhaawac**

- blood – **dhiig**
- burn – **gubasho**
- pill – **kaniin**
- syrup – **sharoobo**
- syringe – **irbad**

7. Professions (Mihnado Shuqullo)

Samples dialogues (Tusaalayn wada hadal)

Adan: What is your profession? – **Waa maxay mihnadaada shuqul?**

Abdi: I am a cook. – **Waxaan ahay cunto kariye.**

Haret: What is your profession? – **Waa maxay mihnadaadu?**

Yussuf: I am a teacher. – **Macallin baan ahayn.**

Others (Kuwo kale)

- photographer – **sawir qaade**
- veterinarian – **taqtarka xoolaha**
- baker – **bur dube**
- butcher – **kawaanle**

- carpenter – **alwaax qore**
- cashier – **khasnad haye**
- cook – **cunto kariye**
- lawyer – **qareen**
- teacher – **macallim**
- mechanic – **farsamo yaqaan**
- painter – **rinji mariye**
- police officer – **sargaal askari ah**
- security guard – **waardiye**
- optician – **taqtarka indhaha**
- seller – **iibiye / gade**
- hairdresser – **timo hagaajiye**
- driver – **darawal**
- farmer – **beeraleey**
- pilot – **duuliye**
- musician – **fannaan**
- dancer – **qoob ka cayaare**
- accountant – **xisaabiye**
- tailor – **harqaanle**
- construction worker – **shaqaale dhismo**
- gardener – **beer abuure**
- cleaner – **nadiifiye**
- fisherman – **kaluumayste**
- student – **arday**

8. Shopping (Adeeg Dukaamaysi)

Sample exchanges (Tusaalayn is weydaarsi)

Abdi: Can I help you? – **Ma ku caawin karaa?**

Fatuma: I would like to buy this book, how much is it? – **Waxaan rabaa in aan buggaan gato, ismisuu joogaa?**

Abdi: It costs a hundred shillings. –**Waa boqol shilin.**

Fatuma: That is expensive. – **Waa qaali.**

Abdi: Not as such. – **Saas uma sii ahan.**

Amina: What would you like to buy? – **Maxaad rabtaa inaad gadato?**

Mohamed: I'm looking for a sweater. – **Waxaan raadinayaa garan.**

Amina: It is only ten shillings. – **Waa toban shilin oo kali ah.**

Mohamed: That is cheap, I'll buy it. – **Taa waa raqiis, waan iibsanayaa.**

Amina: Thank you. Goodbye. – **Mahadsanid. Mac salaama.**

9. Clothing and Accessories

Sample sentences using clothing vocabulary

(Tusaalayn erayo loo isticmaalayo dhar gadasho)

When it is cold, I wear a coat. – **Waqtiga qabowga waxaan xirtaa jaagad.**

When it is sunny, I wear sunglasses. – **Waqtiga kulaylaha waxaan xirtaa ookiyaale.**

When he is playing football, he puts on a t–shirt. – **Markuu kubadda cayaarayo, wuxuu gashadaa funaanad.**

- shirt – **shaar**
- tie – **qoor xir / garabaati**
- hat – **koofiyad**
- cap – **koofi**
- jacket – **jaakad**
- suit – **isku joog**
- trousers – **surwaal**
- belt – **suun**
- skirt – **goonno**
- dress – **saako**
- pullover – **dhidid dhawr**
- pajama – **dharka jiifka**
- blouse – **shaatiga gabdhaha**

- headscarf – **masar**
- slippers – **dacas**
- boots – **kabo buud ah**
- shoes – **kabo**
- socks – **sharabaado**
- polo – **funaanad**
- jeans – **jiinis**
- t–shirt – **funaanad gacno go'an**
- coat – **jaagad**
- underpants – **surwaal hoos laga sii xirto**
- panties – **buumo**
- raincoat – **jaagadda roobka**
- boxer shorts – **surwaal dabo gaabka feerka**
- watch – **saacad**
- sun glasses – **ookiyaalaha qorraxda**
- swimming costume – **dharka dabbaasha**
- wallet – **boors jeeb**
- handbag – **boors gacan**
- spectacles / glasses – **oo kiyaalaha aragga**
- bracelet – **jijimo**
- ring – **faraanti**
- umbrella – **dallad**
- night gown – **darka jiifka**
- bra – **keyshali**

10 Traveling / Transportation (Safrid / Gaadiid)

Examples of dialogues (Tusaalayn wada hadallo)

Amina: How do you travel to Kisumu? – **Sidee baad ugu safartaa Kisumu?**

Adey: I travel there by bus. – **Waxaan ku safraa bas.**

Amina: How do you go to town? – **Sideed ku aaddaa magaalada hoose?**

Adey: I go there by car. – **Waxaan ku aadaa baabuur.**

Amina: How much is a return ticket to Mombasa by bus? – **Waa imisa tikitka baska ee ku soo noqoshada Mombasa?**

Adey: It costs 200 shillings. – **Waxay goysaa labo qoqol oo shilin.**

- car – **gaari yar**
- van – **caasi**
- bus – **bas**
- truck – **gaari weyn**
- bus stop – **busteejo**

 29

- train – **tareen**
- plane – **diyaarad**
- airport – **garoon**
- return ticket – **tigidka soo noqodka**
- one way ticket – **tigidka hal jid**
- taxi – **taksi**
- ambulance – **gaariga gargaarka deg degga ah**
- bicycle – **bushkuleeti**
- helicopter – **diyaarad marwaxadda**
- traffic lights – **samaafare**
- motorcycle – **mooto**
- boat – **doon**
- tractor – **cagaf cagaf**
- to park – **baabuur dhigasho**
- to drive – **babuur wadis**
- road signs – **calaamooyinka waddada**
- ship – **markab**
- port – **takad**
- street – **jid**
- road – **waddo**
- by foot – **lugayn**

11. The School (Dugsi)

Objects, Actions and People in a School (Hadafyo, ficillo iyo Dad Dugsiga jooga)

Examples of dialogues (Tusaalayn wada hadallo)

Farah: What is this? – **Waa maxay waxani?**

Ali: It is a pencil. – **Waa qalin qori.**

Farah: What is this? – **Waa maxay waxani?**

Ali: It is an eraser. – **Waa tirtire.**

- pencil – **qalin qori**
- textbook – **buug akhris**
- ruler – **masdhara**
- pen – **qali biire**
- pair of scissors – **maqas**
- teacher – **macallim**
- pencil case – **kiishadda qali qoriga**
- student's / pupil's desk – **kuriga ardayga**
- school uniform – **dharka dugsiga**
- teacher's desk – **deska / kursiga macallinka**
- pupil – **arday**
- pupils – **iskoolley**
- school boy / school girl –– **wiil / gabar iskoolley**

 31

- table – **miis**
- chair – **kursi**
- chart – **warqadda darbiga**
- dustbin – **haanta qashinka**
- school bag – **boorsada dugsiga**
- paper – **warqad**
- school clock – **saacadda dugsiga**
- to write – **qorid**

  I am writing a letter. – **Waan qorayaa.**
- to read – **akhrin**

  The girl is reading a book. – **Waan akhrinayaa.**
- to draw – **sawirid**

  I am drawing a cow. – **Waan sawirayaa.**
- to question – **su'aalid**

  The teacher is questioning the boy. – **Macallinka wiilka ayuu su'aalayaa.**
- to answer – **ka jawaabid**

  I am answering that question. – **Su'aasha baan kawaabayaa.**
- to learn – **barasho**

  I am learning. – **Waan baranayaa.**
- to discuss – **wada sheekaysi**

  We are discussing. – **Waan wada sheekeysanaynaa.**
- to play – **cayaarid**

 32

I am playing. – **Waan cayaarayaa.**

- test – **imtixaan**
- to fail a test – **imtixaan ku dhicid**
- to pass a test – **ku baasid**
- english – **ingiriis**
- mathematics – **xisaab**
- music – **muusiko**
- languages – **luuqado**

12. Parts of the Body (Qaybo Jirka ka Mid ah)

Sample sentences (Tusaalayn jumladeed)

<u>Aisha:</u>

Aisha has brown hair. – **Caasha waxay leedahay timo caddaan ah.**

She has black eyes. – **Waxay leedahay indho madaw.**

<u>Jamal:</u>

Jamal has long legs. – **Jamal lugihiisa way dheer yihiin.**

He has short hair. – **Wuxuu leeyahay timo gaaban.**

 33

- hair – **timo**
- head – **madax**
- face – **weji**
- ear – **dhag**
- eye – **il**
- nose – **san**
- cheek – **dhaban**
- neck – **qoor**
- mouth – **af**
- teeth – **ilig**
- chest – **xabad**
- stomach – **calool**
- arm – **cudud**
- hand – **gacan**
- finger – **far**
- shoulder – **garab**
- back – **dhabar**
- thumb – **suul**
- leg – **lug**
- knee – **jilib**
- ankle – **anqaw**
- foot – **cag**
- toes – **suul lugeed**
- lips – **faruuryo**
- tongue – **carrab**

- nails – **ciddiyo**
- chin – **gar**

13. The Family (Qoyska)

**Examples of useful expressions and words
(Tusaalooyin isticmaalka erayo muhiim ah)**

I love my family. – **Waan jecelahay qoyskayga.**
I love my father and mother. – **Waan jecelahay
hooyaday iyo aabbahay.**

- father – **aabbo**
- mother – **hooyo**
- brother – **aboowe**
- sister – **abaayo**
- grandfather – **awoowe**
- grandmother – **ayeeyo**
- boy – **wiil**
- girl – **gabar**
- aunt – **eeddo**
- uncle – **abti**
- baby – **cunug**
- child – **cunug**

• grandchildren – **ilmaha awoowe / ayeeyo loo yahay**

Vocabulary (Erayo cusub)

• parents – **waalid**
• man – **nin**
• woman / wife – **naag / oori**
• husband – **sey**
• adult – **qaan gaar**
• step father – **adeer hooyo qaba**
• step mother – **aayo ama eeddo**

14. Colors (Midabbo)
Examples of dialogues (Tusaalayn wada hadallo)

Arale: What color is the banana? – **Waa maxay midabka moosku?**
Fawzia: The banana is yellow. – **Moosku waa jaalle.**

Abukar: What color is snow? – **Waa maxay midabka barafku?**

Waabberi: The snow is white. – **Barafku waa caddaan.**

Fawzia: What color is your dress? – **Waa maxay midabka labbiskaagu?**

Awa: My dress is green. – **Labbiskaygu waa cagaar.**

- red – **guduud**
- white – **caddaan**
- blue – **buluug**
- green – **cagaar**
- yellow – **jaalle**
- black – **madaw**
- grey – **maarriin**
- brown – **qaxwo**
- orange – **casaan**
- dark blue – **buluug tiq ah**
- light blue – **buluug khafiif ah**

15. Verbs in Somali

(Ficillo af Soomaali ah)

Examples of conversations (Tusaalayn sheekaysiyo)

Aisha: What are you doing? – **Maxaad samaynaysaa?**
Mariam: I am eating. – **Waan cuntaynayaa.**

Daudi: What are you doing? – **Maxaad sameynesaa?**
Ali: I am talking to my friend. – **Saaxiibkey ayaan la hadlayaa.**

Fatma: What is he doing? – **Maxuu sameynayaa?**
Amina: He is reading the newspaper. – **Jornaal buu akhrinayaa.**

Verb formation in Somali (Ficil qaabayn af Soomaali)

★ ★ ³⁸ ☆

Regular verb formation in present tense – Singular and Plural (Ficillo toos ah oo jumlado joogtaa ah – Keli iyo Wadar)

Examples (Tusaalayaal)

• to read – **in la akhriyo**

    I am reading. – **Waan akhrinayaa.**

    We are reading. – **Waan akhrinaynaa.**

    You are reading. – **Waad akhrineysaa.**

    He / She is reading. – **Wuu / Way akhrinayaa.**

    They are reading. – **Way akhrinayaan.**

• to watch – **fiirsi / daawasho**

    I am watching. – **Waan fiirsanayaa.**

    You are watching. – **Waad fiirsaneysaa.**

    He / She is watching. – **Way fiirsaneysaa.**

    We are watching. – **Waan fiirsaneynaa.**

    You are watching. – **Waad fiirsaneysaa.**

    They are watching. – **Way fiisanayaan.**

• to eat – **in la cuno**

    I am eating. – **Waan cunayaa.**

    You are eating. – **Waad cunaysaa.**

    He / She is eating. – **Wuu cunayaa / Way cunesaa.**

We are eating. – **Waan cunaynaa.**

You are eating. – **Waad cunaysaan.**

They are eating. – **Way cunayaan.**

Dialogue (Wada hadal)

Zahra: What is she doing? – **Maxay samaynaysaa?**

Mohamed: She is watching the television. – **Telefishankay fiirsanaysaa.**

- to eat – **in la cuno**
- to sleep – **in la seexdo**
- to walk – **in la socdo**
- to telephone – **in la waco**
- to climb – **in la fuulo**
- to go down – **in hoos loo daa dago**
- to watch / look – **in la fiirsado / eego**
- to sing – **in la heeso**
- to laugh – **in la qoslo**
- to speak – **in la hadlo**
- to drink – **in la cabbo**
- to open – **in la furo**
- to close – **in la xiro**
- to cry – **in la ooyo**

- to touch – **in la taabto**
- to cut – **in la gooyo**
- to listen – **in la dhageysto**
- to run – **in la ordo**
- to fall – **in la dhaco**
- to jump – **in la boodo**
- to sit down – **in la fariisto**
- to stand up – **in la istaago**
- to throw – **in la tuuro**
- to catch – **in la qabto**
- to look for – **in la raadiyo**
- to find – **in la helo**
- to yawn – **in la hamaansado**

16. Places (Meelo)
Examples of dialogues (Tusaalayn wada hadallo)

Mariam: Where are you going now? – **Xaaggee baad u socotaa imminka?**

Ali: I am going to school. – **Waxaan u socdaa dugsiga.**

Mariam: Where are you going this evening? – **Galabtaan xaggee baad aadaysaa?**

Ali: I am going to the market. – **Suuqaan aadayaa.**

• Hospital – **isbitaal**
• school – **dugsi**
• town / city – **magaalo / caasimad**
• church – **kaniisad**
• cinema – **shaleemo**
• mosque – **masaajid**
• house / home – **guri / xaafad**
• beach – **xeebta**
• shopping mall / shopping center – **xarun dukaamaysi**
• office – **xaafiis**
• shop – **adeeg**
• restaurant – **makhaayad**
• swimming pool – **berkad dabbaal**

- washroom – **qolka dhaqista**
- pharmacy – **farmashi**
- butchery – **kawaan**
- bakery – **foorno**
- grocery – **suuqa khudaarta**
- police station – **sal dhig boolis**
- market – **suuq**

17. Food and Drinks (Cunto iyo Cabitaan)

Sample conversations (Tusaalayn sheekaysiyo)

Amina: What are you eating? – **Maxaad cunaysaa?**
Mohamed: I am eating rice and meat. – **Bariis iyo hilib baan cunayaa.**

Amina: What would you like to drink? – **Maxaad cabbaysaa?**
Mohamed: I would like some water. – **Waxaan rabaa biyo.**

Useful expressions and vocabulary (Caddaymo iyo erayo muhiim ah)

I am hungry. – **Waan baahanahay.**

I am thirsty. – **Waan oomanahay.**

Ann prefers eating biscuits. – **Ann waxay jeceshahay iney buskut cunto.**

I prefer eating rice and meat. – **Waxaan jeclahay inaan cuno bariis iyo hilib.**

My father likes fruits. – **Aabbahey wuxuu jecelyahay miro.**

I like eating bananas. – **Waan jecelahay inaan cuno moos.**

I would like to eat some pizza. – **Waxaan jecelahay inaan cuno biiza.**

Irene is eating a sandwich. – **Irene waxay cunaysaa ismaris (sandwich).**

I prefer drinking orange juice. – **Waxan dooranayaa cabitaan oranjo.**

Fruits and vegetables (Miro iyo khudaaro)

• orange – **oranjo**

• mango – **cambe**

• potato – **baradho**

• banana – **moos**

• lemon – **liin bambelmo**

• garden peas – **misir**

- pumpkin – **bocor**
- tomato – **yaanyo**
- onion – **basal**
- pineapple – **cananaas**
- carrot – **karooto**
- papaya – **babaay**
- corn – **sabuul**
- beans – **digir**
- mushroom – **baradho dhurwaa**
- cabbage – **kabash**
- coconut – **qumbe**
- pepper – **bas baas**
- passion fruit – **miro cananaas**
- guava – **qare duur**
- avocado – **afakaadho**

Other types of food and drinks (Noocyo kale ee cunto iyo cabitaanno)
- meat – **hilib**
- chicken –**digaag**
- beef – **hilib lo'**
- fish – **kaluun**
- pork – **hilib doofaar**
- bread – **rooti**
- cereals – **galley**

- biscuits – **buskut**
- rice – **bariis**
- milk – **caano**
- yoghurt – **ciir ama garoor**
- tea – **shaah**
- coffee – **qaxwa / bun**
- pasta – **baasto**
- chocolate – **shukulaato**
- soup – **maraq**
- egg – **ukun**
- cake – **doolsho**
- orange juice – **biyo oranjo ah**
- pizza – **biza**
- water – **biyo**
- oil – **saliid**
- flour – **bur**
- jam – **burcad**
- sugar – **sonkor**
- salt – **cusbo**
- fries / chips – **jibsi**
- sandwich – **ismaris**
- biscuits – **buskutyo**
- lemonade – **liin dhanaan**
- wine – **khamro**
- cola – **koka koolla**

- mineral water – **miyo la macdaneeyey**
- tap water – **biyo tuubbo**
- fish and chips – **kalluun iyo jibsi**

Cooking vocabulary (Erayada cunto karinta)
- to peel – **in la fiiqo**
- to cut – **in la gooyo**
- to roast – **in la dubo**
- to pour – **in la daadiyo**
- to mix – **in la qaso**
- to boil – **in la kar kariyo**
- to stir – **in la walaaqo**
- to fry – **in la shiilo**
- to grate – **in la hoolo**
- to add – **in lagu daro**
- to put – **in la geliyo**
- to spread – **in la faafiyo**

18. Our Home / House and Us (Gurigeenna / Guri iyo Innaga)

A. The Sitting Room (Qolka Fadhiga)

- television – **telefishan**
- floor – **sagxadda**
- sofa – **kursi fadhi jeef**
- standing lamp / floor lamp – **nalka la joojiyo**
- bookshelf – **armaajada buugaagta**
- painting – **rinjiyeyn**
- coffee table – **miiska qaxwada**
- telephone – **telefoon**
- door – **albaab**
- window – **dariishad**
- stairs – **jaranjaro**
- terrace – **taag**
- first floor – **dabaqa koowaad**
- roof – **saqafka**
- chimney – **qiiq tuur**
- wall – **darbi**

B. The Kitchen (Jikada)

- pot – **dheri**
- dishwasher – **Meesha alaabta lagu dhaqo**

- kettle – **jalamad**
- scale – **miisaan**
- cutting board – **alwaaxa wax lugu kor jar jaro**
- kitchen knife – **middida jikada**
- sieve – **shaah miire**
- wooden spoon – **fandhaal**
- garbage can – **saladda qashinka**
- stove – **burjiko**
- soap – **saabuun**

C. Dinning Room / Table Setting (Qolka Cuntaynta / Miiska Fadhiga)

- knife – **middi**
- spoon – **qaaddo**
- fork – **fargeeto**
- pepper mill – **basbaas**
- napkin ring – **duubka garriin tirashada**
- salt shaker – **cusbayn**
- sugar bowl – **baaquliga sonkorta**
- table – **miis**
- chair – **kursi**
- glass – **galaas**
- plate – **saxan**

 49

- spoon – **qaaddo**
- cup – **koob**
- table cloth – **miiska dharka**
- bowl – **baaquli**
- towel – **shukummaan**

Useful vocabulary and expressions (Erayo iyo ficillo muhiim ah)

- breakfast – **quraac**
- lunch – **qado**
- dinner – **casho**
- to set the table – **in miiska la goglo**
- to eat – **in la cuno**
- guest – **marti**
- host – **loo martiye**
- That was delicious! – **Taasi way macaanayd!**

D. Bedroom (Qolka jiifka)
- blanket – **buste**
- bed sheet – **go' sariireed**
- bedside table – **koomadiin**
- mattress – **joodari**
- bed – **sariir**

Useful vocabulary and expressions (Erayo iyo ficillo muhiim ah)

• to be sleepy – **in la lulmoodo**

  I am sleepy. – **Waan lulmaysanahay.**

• to go to bed – **in la seexdo**

  I am going to bed. – **Waan jiifanayaa.**

• to make the bed – **sariir goglid**

  I am making my bed. – **Sariirtaan goglayaa.**

• to get up – **in la soo tooso**

  I get up at seven o'clock. – **Waxaan ka toosaa todobada saac.**

• to wake up – **in la kaco**

  I wake up at six o'clock. – **Waxaan ka kacaa lixda saac.**

• to snore – **in la khuuriyo**

  My mother snores. – **Hooyaday way khuurisaa.**

E. The Bathroom (Musqusha qubayska)

• towel – **shukumaan**

• shower – **qubays**

• shampoo – **shaambo**

• toothbrush – **caday**

• toothpaste – **findhicil**

- mirror – **muraayad**
- comb – **shanlo**
- soap – **saabuun**
- hairbrush – **gadh feedh**
- toilet / washroom – **musqul**
- tank – **taangi**
- toilet paper – **warqadaha saxarada**
- tap – **tuubbo**
- hot water – **biyo kulul**
- cold water – **biyo qabow**
- to take a shower – **in la qubaysto**
- to sweep – **in la xaaqo**
- to wipe – **in la tirtiro**
- to clean – **in la nadiifiyo**
- to polish – **in la buraasho**
- to wash – **in la dhaqo**
- to dust – **in la jafo**
- to iron – **in la feereeyo**
- to rinse – **in la biyo raaciyo**
- to scrub – **in la xoqo**

19. Animals, Birds and Insects (Xoollo, Shimbiro iyo Cayayaan)

Sample phrases (Tusaalayn qaab erayeyneed)

I have two cows. – **Waxaan leeyahay labo saac.**

I love my cat. – **Waan jecelahay mukulaashayda.**

Stella likes her dog. – **Stella way jeceshahay eeygeeda.**

- cat - **mukulaal**
- dog – **eey**
- cockerel – **diiq**
- chick – **juju**
- chicken – **dooro**
- turkey – **dagiiran**
- cow – **sac**
- duck – **balanboolo**
- calf – **weyl**
- ox – **dibi**
- sheep – **lax**
- lamb – **waxar**
- mouse – **jiir**
- snail – **kalax**
- bird – **shimbir**

- giraffe – **geri**
- lion – **libaax**
- elephant – **maroodi**
- frog – **rah**
- snake – **mas**
- fish –**kalluun**
- monkey – **daanyeer**
- hare – **bakeyla**
- rabbit – **bakeyla duur**
- zebra – **dameer farow**
- toad – **rah**
- crocodile – **yaxaas**
- camel – **geel**
- donkey – **dameer**
- gorilla – **daanyeer duur**
- squirrel – **qoodow**
- rat – **jiir**
- mosquito – **kaneeco**
- bee – **shinni**
- butterfly – **balanbaalis**
- ant – **quraanjo**
- grasshopper – **kabajaa**
- spider – **caaraa caaro**
- lizard – **qallajis**
- fly – **diqsi**

- cockroach – **baranbaro**
- cricket – **wirriq**
- worm – **lulumo**
- termite – **aboor**

20. Things in the Nature (Waxyaalaha Dabeecadda)

- tree – **geed**
- river – **webi**
- hill – **buur**
- lake – **haro**
- valley – **waadi**
- mountain – **buur**
- waterfall – **biyo-dhac**
- stone – **dhagax**
- rock – **dhagax qar ah**
- sun – **qorrax**
- rain – **roob**
- sky – **cir**
- cloud – **daruur**
- space – **meel maran**
- earth – **carro**
- lightning – **hillaac**
- moon – **dayax**
- stars – **xiddigo**

- clouds – **daruuro**
- wind – **dabayl**
- snow – **dhedo**
- storm – **gugac**
- thunderstorm – **hanqar**
- snowflakes – **jajab baraf ah**
- rainbow – **qaansa roobaad**
- fog – **ceeryaamo**
- ice – **baraf**
- grass – **oos**
- flower – **ubax**
- leaf – **caleen**
- plant – **geed abuur**
- desert – **saxare**
- forest – **kayn**
- nest – **buul shimbireed**
- wave – **hir**
- sand – **camuud**
- sea – **bad**

21. Farm (Beer)

- ocean – **bad weyn**
- farmer – **beeraleey**
- vegetable garden – **khudaar dayrka lagu beeray**
- pasture – **calaf xoolaad**
- livestock – **ishkin / xoolo la dhaqdo**
- fence – **ardaa / daarad**
- gate – **ganjeello**
- field – **bannaan**
- pesticide – **sunta bahalaha yar yar**
- to plant – **in la abuuro**
- to water – **in la waraabiyo**
- to sow – **in la tallaalo**
- to harvest – **in la soo goosto**

22. Numbers (Lambarro)

Sample dialogues (Tusaalayn wada hadal

Abukar: What is the date today? – **Waa imisa taariikhdu maana?**

Leyla: It is the seventh of June 2011. – **Waa Luuliyo todobadeedii.**

Aasha: How many bags do you have? – **Imisa boorsaad heysataa?**

Abdullah: I have 5 bags. – **Shan boorso ayaan haystaa.**

Ali: How many dogs do you have? – **Imisa boors ayaad leedahay?**

Sufia: I have 2 dogs. – **Labo ayaan leeyahay.**

0 –   **eber**

1 –   **kow / hal**

2 –   **labo**

3 –   **saddex**

4 –   **afar**

5 –   **shan**

6 –   **lix**

7 –   **todobo**

8 –   **sideed**

9 –   **sagaal**

10 – **toban**

11 – **kow iyo toban**

12 – **labo iyo toban**

13 – **saddex iyo toban**

14 – **afar iyo toban**

15 – **shan iyo toban**

16 – **lix iyo toban**

17 – **todoba iyo toban**

18 – **sideed iyo toban**

19 – **sagaal iyo toban**

20 – **labaatan**

21 – **labaatan iyo kow**

22 – **labaatan iyo labo**

23 – **labaatan iyo saddex**

24 – **labaatan iyo afar**

25 – **labaatan iyo shan**

26 – **labaatan iyo lix**

27 – **labaatan iyo todoba**

28 – **labaatan iyo sideed**

29 – **labaatan iyo sagaal**

30 – **soddon**

40 – **afartan**

50 – **konton**

60 – **lixdan**

70 – **todobaatan**

 59

80 – **sideetan**

90 – **sagaashan**

100 – **boqol**

200 – **labo boqol**

300 – **saddex boqol**

400 – **afar boqol**

500 – **shan boqol**

1000 – **kun**

1001 – **kun iyo kow**

2000 – **labo kun**

23. Days of the Week (Maalmaha Asbuuca)

• Monday – **Isniin**

• Tuesday – **Talaado**

• Wednesday – **Arbaco**

• Thursday – **Khamiis**

• Friday – **Jimce**

• Saturday – **Sabti**

• Sunday – **Axad**

24. Months of the Year (Bilaha Sanadka)

- January – **Janaayo**
- February – **Feebaraayo**
- March – **Maarso**
- April – **Abriil**
- May – **Maayo**
- June – **Juun**
- July – **Lulyo**
- August – **Ogoosto**
- September – **Sebtembar**
- October – **Oktoobar**
- November – **Nofembar**
- December – **Disembar**

25. Other useful Basic / Common Words, Phrases and Expressions in Somali (Erayo, Jumlooyin iyo Ficillow Caddayneed kale oo Bilow ah ee afka Soomaaliga)

- Miss – **Marwo**

- Goodbye! – **Mac salaama!**

- See you soon. – **Waa inoo is arag dambe oo dhaw.**

- Good day. – **Nabad gelyo.**

- see – **arag**

- yes – **haa**

- no – **maya**

- please – **fadlan**

- I am sorry. – **Wan ka xumahay.**

- okay – **waa yahay**

- Do you speak English? – **Ma ku hadashaa Ingiriis?**

- Yes, I speak English. – **Haa waan ku hadlaa Ingiriis.**

- Do you speak French? – **Ma ku hadashaa af Faransiis?**

- Yes I speak a little. – **Haa, xoogaa baan ku haldaa.**

- No, I don't speak French. – **Maya kuma hadlo.**

- Thank you. – **Mahadsanid.**

- Thanks a lot. – **Aad ayad umahadsan tahay.**

- I understand. – **Waan gartay.**
- I don't understand. – **Ma garan.**
- I need help – **Kaalmo ayan u baahanahay.**
- I don't know – **Garan mahayo.**
- Could you repeat please? – **Fadlan ma ku soo celin kartaa?**

26. Tongue Twister in Somali (Carrab jalqin af Soomaali ah)

He who tells you about others also tells others about you. – **(Kii dadka kale wax kaaga sheegaa adna wax buu kaa sheegaa)** _Kuu sheekeeye kaa sheekeeye ha la sheekaysan._

27. Popular Somali Proverbs (Maah Maahooyin Caan ah o oaf Soomaali ah)

- Do not have faith on other people's things. – **Ha ku kalsoonaan wax dad kale leeyihiin.**

- Don't count your chicks before they hatch. – **Ha tirsan ukumahaaga intaysan dillaacin.**

- A property which is not entirely on your hands, the

owner can take it at any time. – **Hanti aan gacantaada ku jirin markii la doonaa la qaadan karaa.**

- The youth has lots of energy. – **Dhallinyaradu tamar badan bay leeyihiin**

- Unity is strength. – **Wada jir baa awood lagu yeeshaa.**

- Sometimes you have, sometimes you don't. – **Mar waad heysaa marna ma heysid.**

28. Five Somali Riddles (Shan Googaa Cadalaysi oo Soomaali ah)

- The whole day long you never leave me behind, I accompany you everywhere. Who am I? – **Igama aadan harin maanta oo dhan, meel walba waan kula socday. Kumaan ahay?** A shadow. – Hooskaaga.

- A lake with reeds all around. What am I? – **Jaro ay caw ku wareegsan tahay? Kumaan ahay?**

An eye. – **il.**

- The girl with the smallest waist. – **Gabadha ugu dhexda yar**. A wasp. – **Gaal cadaan ah.**

- I open my red eyes wide two times a day. Who am I? – **Labo jeer baan indhahayga guduudan kala furaa maalintii. Kumaan ahay?** The sun at sunrise and at sunset. – **Qorraxda markay qorrox soo bax iyo qorrax dhac tahay.**

- My house has no door. What am I? – **Gurigaygu albaab ma lahan. Kumaan ahay?** An egg. – **Ukun.**

Printed in France by Amazon
Brétigny-sur-Orge, FR

17028127R00039